Las Cosas Básicas Que Necesitas Saber Sobre La Lectura y El Estudio de La Biblia

El Libro llamado la Biblia

En tus manos tienes un Nuevo Testamento o una Biblia. El Nuevo Testamento cubre la vida de Jesús y la historia de la iglesia primitiva. La Biblia incluye el Nuevo Testamento, pero comienza con el Antiguo Testamento que es la cimentación histórica del pueblo Judío y de la Biblia que leía y estudiaba Jesús.

La Biblia es una obra de literatura extraordinaria que fue escrita por muchos autores pero que tiene un mensaje

La Biblia fue escrita durante un periodo de 1,500 años por al menos 40 diferentes autores. Dios usó sus habilidades, dones y estilos de comunicación para darnos la Biblia. Aunque compartieron sus temas desde diferentes puntos de vista y a través de diferentes estilos de literatura su mensaje permanece de una manera extraordinaria: Dios está vivo y nos quiere tanto que proveyó a un Redentor para que pudiéramos tener comunión con Dios para siempre.

3

Sin rodeos, y en un lenguaje fácil de entender, la Escritura declara la verdad simple sobre muchos temas. Por siglos los investigadores más sabios se han maravillado con la habilidad que tiene la Biblia de decir tantas cosas en pocas palabras y de una manera clara.

La Biblia es como una guía para tu vida

Le podríamos llamar el *Manual para la Vida*. Muchas personas se dicen cristianos pero casi nunca abren la Biblia. Muchas veces la gente no sigue sus maravillosas instrucciones no porque no sepan leer pero porque deciden no leerlo. Algunas personas piensan que la Biblia es muy confusa y difícil de entender y por eso no lo leen.

Dios usa la Biblia para comunicarse con nosotros. Nosotros somos su creación y él es el Dios supremo. Él tiene un plan para nosotros. ¿Qué mejor manera habría para que Dios nos comunique su plan y su voluntad que a través de un libro?

Yo amo el helado. Solo me puedo comer tres bolas. Si me comiera veinticinco bolas me enfermaría gravemente. Con la Biblia pasa lo opuesto. Entre más comes más hambre te da. Entre menos comes menos hambre te da.

La Palabra de Dios – la Biblia
– tiene una autoridad inmensa

Dios es el Dios supremo. Siempre ha existido. Él es el creador de los cielos y de la tierra, por lo tanto Dios tiene autoridad. Él habla a través de su palabra, la cual es la máxima autoridad de Dios. Esa autoridad transforma y nos cambia para que tengamos una relación poderosa

LAS COSAS BÁSICAS QUE NECESITAS SABER SOBRE LA LECTURA Y EL ESTUDIO DE LA BIBLIA

Lars B. Dunberg

Las Cosas Básicas Que Necesitas Saber
Sobre La Lectura y El Estudio de La Biblia

por Lars B. Dunberg

Publicado por *Mountainbrook Press,*
P.O. Box 50890, Colorado Springs, CO 80949, USA.

Las citas se han tomado de la Santa Biblia, Nueva Traducción Viviente. Copyright © 2010. Usado con permiso de Tyndale House Publishers, Inc., Wheaton, Illinois 60189. Derechos Reservados.

Escrituras tomadas de la SANTA BIBLIA, NUEVA VERSIÓN INTERNACIONAL. Copyright ©1999 Biblica, Inc. Usado con permiso de Biblica.

Copyright © 2013 por Lars B. Dunberg. Usado con permiso. Derechos Reservados.

ISBN 978-1-941113-04-2

con el Dios viviente a través de su hijo Jesucristo. A través de la autoridad de la Palabra de Dios podemos llegar a conocer a Dios y a Jesucristo como nuestro Salvador. Por esta razón es importante que reconozcamos que este libro habla con autoridad.

La Palabra de Dios es única y completa

Cuando Dios creó al mundo no había periódicos o transmisiones por radio. Ningún hombre fue testigo cuando Dios formo la tierra, los cielos y las estrellas. ¿Cómo sabían los escritores lo que había pasado? Solo hay una respuesta: Éste es el libro de Dios.

Nos enseña sobre Dios, sobre la salvación y sobre nosotros mismos. La Biblia también es el libro más grande sobre morales y ética. Hay muchos otros libros sagrados en el mundo. Cada religión tiene por lo menos uno. Pero si los comparamos con las Escrituras veremos que no hablan sobre los temas del corazón humano de la misma manera en la que lo hace la Palabra de Dios. Cuando se trata de ética, la Biblia es única.

La Biblia es un libro completo. Contiene historia, describe una imagen clara del carácter de las personas. Incluye poesía y sermones, drama, proverbios, profecía y leyes. Lo más importante que incluye es el deseo de Dios en el que los hombres, las mujeres y los niños se acerquen a Él a través de una relación personal.

Toda la Biblia es la Palabra de Dios. No es un libro de soluciones rápidas sobre cómo obtener un matrimonio feliz, un buen trabajo o un trabajo significativo, una buena cosecha o sobre cómo perder peso. Aunque la

Escritura trata muchos de estos temas, la mayor parte es sobre quién es Dios, qué piensa, y qué quiere para nuestras vidas.

La Palabra de Dios contiene enseñanzas que rebasan cualquier otra cosa

Pensarías que la enseñanza sería diferente en un libro que proviene de Dios y cuando comiences a leer y estudiar este libro te darás cuenta de que así es. Lee el Sermón del Monte de Jesús. No es un hombre ordinario quien hace estas declaraciones. Es Dios el que nos habla. Sigue a Pablo cuando hace sus viajes misioneros en el libro de hechos. Mira sobre el hombro de Pablo mientras él escribe cartas desde la prisión para animar a las Iglesias. O acompaña a Juan cuando ve visiones sobre el futuro y la Gloria del cielo. Estas enseñanzas rebasan cualquier otra cosa.

La Palabra de Dios es inspirada y tiene poder

Muchas veces nos referimos a la Biblia y al Nuevo Testamento como la Palabra de Dios, porque lo son. La Palabra de Dios tiene un poder increíble.

Un día al principio de los noventas conocí a un líder de lo que en ese entonces era la ciudad de Leningrado en la Unión Soviética y él me dijo, "Soy ateo, pero estos libros que le estás dando a los estudiantes en nuestras escuelas son tan poderosas que después de tan solo tres meses ya hemos visto cambios en el comportamiento de los estudiantes." *¿Qué libro era?* Era una porción de la Biblia.

En Asia un estudiante Musulmán me compartió, "Yo soy un Musulmán, pero a través de este libro he encontrado un amor que está cambiando mi vida." *¿Qué libro era?* Era la Biblia.

En Suecia, una joven atea, quien odiaba a Dios aun cuando no creía en él, comenzó a leer un libro que le había regalado una amiga en la preparatoria. Al leer las páginas del libro fue confrontada por la historia de un hombre, ésta cambio su vida. *¿Qué libro era?* Era la Biblia.

Hay un poder increíble en la Biblia, la *Palabra de Dios*. El libro de Hebreos lo expresa de la siguiente manera:

"Ciertamente, la palabra de Dios es viva y poderosa, y más cortante que cualquier espada de dos filos. Penetra hasta lo más profundo del alma y del espíritu, hasta la médula de los huesos, y juzga los pensamientos y las intenciones del corazón" (Hebreos 4:12).

¿Por qué es tan especial la Biblia?

La mayoría de las Biblias tienen tinta negra, hojas delgadas, y normalmente la cubierta es negra y, ¡pesa casi lo mismo que un tabique! ¿Por qué es tan especial?

En muchas partes del mundo todavía tiene un uso legal. Por ejemplo, en muchos juzgados se hace un juramento para, "decir toda la verdad y nada más que la verdad", con una mano sobre la Biblia. Cuando la reina de Inglaterra fue coronada en 1953 uno de los obispos presentes llevaba una Biblia. Cuando la Reina hizo su juramento de coronación lo hizo con una mano sobre ese libro.

En algunas partes del mundo el sistema legal tiene sus orígenes en la ley del Antiguo Testamento, mientras que el arte, la música y la literatura se basan primordialmente en la imaginería que se encuentra en las páginas de este libro sagrado.

¡Pero más que cualquier otra cosa, la Palabra de Dios es especial porque tiene el poder para transformar nuestras vidas ordinarias!

Si estuvieras varado en una isla desierta y solo pudieras tener un libro, ¿cuál libro escogerías? Tal vez un libro sobre cómo construir botes, para ayudarte a regresar a casa. No vas a querer un libro que sea solo para entretenerte. No vas a querer un libro sobre superación personal para aprender cómo mejorar tu personalidad. Vas a querer un libro que te demuestre como salir de esa isla.

Hoy estás atrapado en una isla llamada la tierra, y en algún momento nuestra estancia en esta isla nos lleva a la muerte, al menos de que seamos rescatados. Estamos varados aquí, y hay un libro que nos dice cómo llegar a nuestro hogar en otro mundo, un futuro que no es la muerte; ese libro es la Biblia.

La Biblia nos cuenta sobre Dios

Hoy la gente tiene hambre de la relevancia y la revelación, quieren interactuar con un ser espiritual. Por eso tenemos tantas religiones en este mundo. La gente está buscando a Dios. Pero si buscamos a Dios, no lo vamos a encontrar. Él ya se ha revelado. Él nos está buscando a nosotros.

En lo más profundo de nuestros corazones, tenemos hambre de conocerlo. La Biblia nos dice que Dios vive, que le importamos y que Él es bueno. Lo podemos conocer y nuestras vidas pueden ser rescatadas ahora. A través de la Biblia podemos descubrir que Dios nos ama tanto que se convirtió en un hombre a través de Jesucristo para venir a la tierra y salvarnos.

La Biblia tiene una posición única en comparación con otros libros en este mundo. ¿Qué tiene de especial? En la Biblia Dios nos revela a sí mismo.

A través de la Palabra de Dios tenemos la única garantía que nos es ofrecida para la vida después de la muerte, i.e. simplemente podemos poner nuestras creencias y fe en Jesucristo como el único a través del cual podemos encontrar el camino, la verdad y la vida.

La Biblia nos cuenta sobre Jesús

En los libros del Antiguo Testamento y el Nuevo Testamento encontramos a Jesús, el Creador, el Sumo Sacerdote, el Legislador, el Redentor, el Reedificador, y el objeto de nuestra alabanza y adoración. Él es el Rey de reyes, el Sanador de corazones rotos, y él que nos quitó todos nuestros pecados y nos liberó de la culpa a través de su muerte en la cruz. A través de su resurrección podemos tener una vida rebosante.

A través de la Biblia podemos ser espiritualmente transformados

Esto es lo que nos dice la Biblia, "Toda la Escritura es inspirada por Dios y es útil para enseñarnos lo que es verdad y para hacernos ver lo que está mal en nuestra vida. Nos corrige cuando estamos equivocados y nos enseña a hacer lo correcto. Dios la usa para preparar y capacitar a su pueblo para que haga toda Buena obra" (2 Timoteo 3:16-17).

¿A quién ves como una autoridad en tu vida? En muchos países, las celebridades de la televisión se convierten en los modelos de autoridad. Para los adolescentes, sus padres o maestros se convierten en sus figuras de autoridad. Para los que trabajan sus jefes pueden ser un factor importante en sus vidas. Si vives en una aldea, puede ser un anciano de la aldea. En la iglesia, según las tradiciones de la iglesia puede ser un Pastor el que te dice lo que debes hacer.

Sin embargo, la Palabra de Dios, la Biblia, debe ser nuestro guía infalible. ¿Te has puesto bajo la autoridad de la Biblia? Este libro entero fue inspirado por Dios. Tú tienes que decidir a *quién* le darás la máxima autoridad en tu vida.

En un momento de mi vida yo tuve que tomar esa decisión. ¿Debía yo creer en las filosofías sin Dios que enseñaban en mi país, Suecia? ¿Debía yo aceptar la falta de creencia en Jesús como persona histórica? ¿Creer que nunca existió? ¿Qué no murió ni resucito, como enseñaban las iglesias liberales a mi alrededor? ¿O debía yo poner mi fe en la Biblia y en su mensaje transformador de vidas? Un día en la Escuela Bíblica, tuve que hincarme a lado de mi cama y orar, "Señor, rindo mi vida y mi voluntad a la enseñanza de tu Palabra, cual sea el costo y lo que sea que pase."

¿Cuál es el propósito de la Palabra de Dios en tu vida?

La acabas de leer en el versículo anterior... para que puedas ser preparado y capacitado para hacer *"toda Buena obra."*

Esto no significa solo los fines de semana cuando vayas a la iglesia. Significa que te conviertes en una persona transformada quien quiere vivir para Jesucristo y hacer su obra todos los días de la semana, cada día del año.

Si Jesucristo (la Palabra viviente) y la Biblia (la palabra escrita de Dios) hacen su obra en ti, tu mente, corazón y voluntad serán transformados para que buenas cosas sean el resultado de tu vida. Cada día dirás, "Ésta es mi oportunidad para vivir el Reino de Dios."

Al leer y aprender de la Palabra de Dios, no te hagas orgulloso si sabes más que otros. No importa cuánto sepas, lo que importa es cómo la Palabra de Dios te está proveyendo con su vida abundante. En el Nuevo Testamento Jesús hablo con los líderes religiosos de ese tiempo, los Fariseos; esto es lo que les dijo, *"Ustedes estudian con diligencia las Escrituras porque piensan que en ellas hallan la vida eterna. ¡Y son ellas las que dan testimonio en mi favor!"* (Juan 5:39).

¿La Biblia es verdadera o falsa?

La Biblia ha sido atacada durante toda su existencia. La gente duda que la Biblia sea autoritaria o confiable. Otros piensan que ya se ha vuelto anticuado. En algunos países, las autoridades le tienen miedo o lo han prohibido.

¿Por qué la odia tanto la gente? ¿Por qué dedican sus vidas a destruirla? Por qué perturba sus vidas. La Biblia dice, *"... la gente amó más la oscuridad que la luz, porque sus acciones eran malvadas"* (Juan 3:19). En otras palabras, "No queremos que este hombre reine sobre nosotros, queremos vivir nuestras propias vidas, en nuestro pecado, sin consciencia alguna. ¡Así que deshagámonos de la Biblia!"

La Palabra de Dios declara ser departe de Dios

La Biblia declara ser la revelación de Dios. Todos los escritores declararon que estaban citando a Dios. *"Dios dijo"* o *"El Señor ordeno."* ¿Estos escritores eran mentirosos o en realidad es la Palabra de Dios? Si fueron mentirosos, más vale tirar la Biblia a la basura.

En el Antiguo Testamento, los autores enfatizaron que el mensaje era de Dios, *"Escucha la palabra del Señor"*; *"La palabra del Señor vino a mí."*

¿Estas personas dijeron la verdad, o no? Tú tienes que decidir. Un día hace muchos años yo tuve que tomar esa decisión. O Dios les hablo o eran los mentirosos más consistentes, porque tan solo en el Antiguo Testamento declaran más de 2,000 veces que Dios hablo.

Jesús cito al Antiguo Testamento constantemente. En ningún momento nos dijo que dudáramos del Antiguo Testamento. Ni una vez. Sin embargo, lo cito con autoridad, *"no han leído lo que Dios les dijo a ustedes..."*, *"David mismo, hablando por el Espíritu Santo..."*

Estas son las palabras de Jesús. Él expuso las Escrituras que hablaban sobre él, *"Ustedes estudian con diligencia las Escrituras... ¡Y son ellas las que dan testimonio en mi favor!"*

Para los escépticos las dos historias más difíciles de aceptar de la Biblia son la de la inundación y la de Jonás y el pez. Jesús sin dudar confirmó estas dos historias.

Los apóstoles revalidaron las Escrituras del Antiguo Testamento. Pedro dijo en 2 Pedro 1:21, *"los profetas hablaron de parte de Dios, impulsados por el Espíritu Santo."* El apóstol Pablo escribió, *"Toda la Escritura es inspirada por Dios..."* (2 Timoteo 3:16). ¿Pablo era un mentiroso?

¿Estaban equivocados Jesús, Pablo y Pedro? ¡Si lo estuvieron, olvidémonos del Cristianismo! Pero si tenían razón, tú y yo debemos ser seguidores de Jesús y obedecer su Palabra.

¿Qué más encontramos en la Biblia?

En algún momento de nuestras vidas, cada persona en este mundo lucha con algunas preguntas básicas de la vida. En la Biblia encontramos las respuestas a todas esas preguntas: ¿Quién soy? ¿Cómo puedo marcar una diferencia? ¿Qué dones se me han otorgado? ¿Por qué estoy aquí? ¿Cuál es el propósito de la vida? ¿Quiénes son las personas que me rodean? Por ejemplo, ¿porque nací en Suecia y no en Francia? ¿Tu porque creciste en la India y no en los Estados Unidos? ¿Qué dejaré cuando me vaya? No en cuestión de recursos pero más bien como legado o un impacto. Finalmente, una de las preguntas claves de la vida: ¿Qué pasa cuando me muero?

Las respuestas a estas preguntas que se encuentran en la Palabra de Dios nos transformarán y nos harán las personas que fuimos creadas para ser.

¿Qué dice la Biblia sobre sí misma?
La Palabra de Dios es un espejo:

"*Pues, si escuchas la palabra pero no la obedeces, sería como ver tu cara en un espejo; te ves a ti mismo, luego te alejas y te olvidas cómo eres. Pero si miras atentamente en la ley perfecta que te hace libre y la pones en práctica y no olvidas lo que escuchaste, entonces Dios te bendecirá por tu obediencia*" (Santiago 1:23-25).

El Espíritu Santo de Dios es quien nos hace consientes del mal en nuestras vidas. La Biblia le llama a esto pecado. Tú y yo no podemos llegar a Dios si no somos concientizados por el Espíritu Santo, y Él frecuentemente usa su Palabra para hacerlo. Cuando estamos dispuestos a admitir que somos pecadores, es porque la obra del Espíritu Santo nos está afectando.

La Biblia siempre nos lleva a Jesús. Él dice, "*Pero éstas (palabras) se han escrito para que ustedes crean que Jesús es el Cristo, el Hijo de Dios,*" (Juan 20:31).

Es a través de la fe en Jesús que encontrarás la vida eterna. Si esperamos hasta que entendamos todo de manera intelectual, nunca lo encontraremos. Estaremos perdidos.

El profesor de la Universidad tiene que llegar a Jesucristo por fe. El hombre de negocios tiene que llegar a Jesucristo por fe. La ama de casa tiene que llegar por fe. El estudiante tiene que llegar por fe. El trabajador en el pueblo tiene que llegar por fe. Cuando vamos y vemos en el espejo – la Palabra de Dios – él extiende sus brazos hacía nosotros para perdonarnos de nuestros pecados, limpiarnos, y moldearnos para que seamos nuevas personas.

La Palabra de Dios es alimento para el alma

"Deseen con ansias la leche pura de la palabra, como niños recién nacidos. Así, por medio de ella, crecerán en su salvación" (1 Pedro 2:2).

"En cambio, el alimento sólido es para los adultos, para los que tienen capacidad de distinguir entre lo bueno y lo malo," (Hebreos 5:14).

La Palabra de Dios es una luz

Vivimos en un mundo obscuro y a veces sentimos la obscuridad dentro de nosotros. Pero la luz del fosforo más pequeño hará que huya la obscuridad de cualquier cuarto. La Palabra de Dios es como esa luz en nuestras vidas.

"Tu palabra es una lámpara a mis pies, es una luz en mi sendero" (Salmos 119:105).

La Palabra de Dios es como un cuchillo

Cuando la Escritura compara la Palabra de Dios con un cuchillo, no está sugiriendo que Dios nos quiere asesinar; más bien se refiere a que la Palabra de Dios penetra nuestras vidas interiores, y provee el cambio en nuestras vidas que necesitamos desesperadamente.

Supongamos que un creyente está listo para hacer un acuerdo de negocios que será importante para él o ella. Pero para hacerlo, él o ella tiene que mentir para que funcione. De repente esta persona lee el Nuevo Testamento, y comprende que ésta no es la manera en la que Jesús quiere que viva. ¡Se cancela el acuerdo!

Una joven está luchando con el llamado de servir al Señor. Le han ofrecido un puesto alto con un buen salario. Ella lee Lucas 9 donde habla sobre no voltear después de haber puesto la mano en el arado. De repente cae sobre sus rodillas y ora, "¡Señor aquí estoy! ¡Envíame a mí!"

"Ciertamente, la palabra de Dios es viva y poderosa, y más cortante que cualquier espada de dos filos. Penetra hasta lo más profundo del alma y del espíritu, hasta la médula de los huesos, y juzga los pensamientos y las intenciones del corazón" (Hebreos 4:12).

La Palabra de Dios es un escudo

Muchas veces sentimos que nuestras emociones o nuestra fe debilitada son atacadas. Sentimos que el pecado está al acecho donde menos lo esperamos. La Palabra de Dios es nuestro escudo de protección en contra de la duda, la culpabilidad, la inseguridad y de caer en tentación. *"Tú eres mi escondite y mi escudo"* (Salmos 119:114).

La Palabra de Dios es un croquis

Un domingo hace muchos años, mucho antes de que existieran los mapas electrónicos, yo estaba manejando con un mapa sobre el volante. Estaba apurado porque iba atrasado para un culto en el cual iba a predicar. Al dar vuelta a la derecha, la iglesia no estaba donde se suponía que debía estar. De repente me di cuenta que tenía el mapa al revés y estaba lejos de donde tenía que estar.

La Palabra de Dios es como un croquis para nuestras vidas. No es suficiente solo leerlo, también debemos seguir sus instrucciones.

"Guía mis pasos conforme a tu promesa" (Salmos 119:133).

¿Qué debes hacer con la Biblia?

Por más de 70 años la Biblia fue un libro prohibido en lo que fue la Unión Soviética. Si tenías uno, podías acabar en la cárcel. Cuando se cayo la Cortina de Hierro en 1989 una de los artículos más buscadas por la gente era la Biblia. Unos años después de que cayera la Cortina de Hierro recibí la siguiente carta de parte de una mujer Rusa:

"Mi abuela me dijo que había un libro llamado la Biblia pero nunca había visto una en mi vida, ¡hasta ahora! Obtuve una copia y la leí una y otra vez y no creo llegar a entender todo lo que tiene para mí."

Esta mujer se había dado cuenta del valor que la Biblia tenía para su vida. No hay un problema en este mundo que este libro no trate, ya sea a una escala nacional o personal. Así que, ¿tú qué crees que debes hacer con el?

Aquí hay varias maneras en las cuales puedes leer y estudiar la Biblia

Léelo

Comienza a leerlo todos los días. No necesariamente tienes que comenzar desde el principio, porque te puedes sentir abrumado después de varios días de lectura. Esto es lo que yo sugiero: Primero lee el evangelio de Marcos. Es el evangelio más corto. Después de haberlo terminado, lee el libro de Hechos que es la continuación de la historia sobre la iglesia primitiva. Después puedes comenzar a leer un capitulo diario de las cartas de Pablo y de los otros líderes del Nuevo Testamento que escribieron cartas. Puedes terminar leyendo el libro de Apocalipsis.

No te tomara más tiempo de lo que tomas para leer el periódico que está lleno de malas noticias. ¡Al leer diferentes partes de la Biblia cada día, le dedicaras el mismo tiempo a las buenas nuevas!

Observa lo que lees

Trata de observar lo que dice el pasaje. Comienza orando lo que acabas de leer. Pide que el Espíritu Santo te ayude a observar lo que dice. Haz las siguientes preguntas al leer:
- ¿Quién habla y a quién le habla?
- ¿En realidad qué dice?
- ¿Cuándo paso?
- ¿Dónde sucedió?
- ¿Por qué lo dijo el autor?
- ¿Cómo afecta mi vida hoy?

Anota una palabra o una frase que crees que sea clave.

Haz listas de lo que lees. Por ejemplo, en 1 Pedro 5:2-3 vas a leer sobre los papeles de un anciano. Haz una lista de esos papeles y medítalos.

Trata de buscar comparaciones y contrastes. El Nuevo Testamento está lleno de comparaciones, por ejemplo, "el Diablo ronda como león rugiente".

Apunta el lugar geográfico donde se llevó acabo lo que acabas de leer. Te ayudará a entender el pasaje.

Descubre lo que significa

Trata de observar los versículos y capítulos circundantes y el libro completo. No veas solamente un versículo por sí solo. Haz la pregunta, ¿entiendo lo que significa en base al propósito de todo el libro?

Satúrate con la Palabra de Dios. Acuérdate que la Escritura nunca se contradice. No tomes una enseñanza al extremo en base a un solo versículo, esta no fue la intención de Dios. Humilla tu corazón en fe y acepta lo que Dios te está diciendo.

La Biblia no es un libro místico. Dios nos ha hablado para que conozcamos la verdad. Antes que nada, siempre busca la enseñanza clara de la Escritura, no un significado escondido que alguien ha tratado de imponer sobre la Palabra de Dios.

Estúdiala

Esto es más que una lectura casual. Escoge un tema, como "salvación" o "santidad" o "cielo" o incluso "dinero" y busca todos los versículos que puedas que hablen sobre el tema. O tal vez quieras leer todo lo que puedas encontrar sobre Pedro, o Juan, o Pablo. Descubrirás que tan enriquecedor es la Palabra de Dios.

Haz más preguntas. Es más difícil de lo que parece, pero el hacer preguntas siempre te dará las respuestas. Pregúntale a tu Pastor. Pregúntale a otros creyentes.

Toma notas. Ten disponible una pluma o un lápiz y una hoja para anotar lo que encuentres. El lápiz siempre es más corto que la memoria más larga.

Al estudiar la Biblia te darás cuenta que contiene instrucciones sobre qué hacer con tu vida. Anota esas instrucciones. Si dice que debes orar, anótalo en tu lista. Si descubres que debes perdonar, haz una lista de las personas que tienes que perdonar. ¡La lista puede ser muy larga!

Trata de entender el significado

A veces puedes pensar que lo que dice tiene un significado completamente diferente de lo que acabas de leer. Por ejemplo, visito muchos hogares en la India y casi siempre me ofrecen una taza de té. Si de repente lo agarro y exclamo, "¡Esto es veneno!" ¿Qué pensarías que quiero decir? Probablemente que alguien puso veneno en mi taza y está tratando de matarme. Pero si anteriormente te hubiera dicho que no quería mi te muy fuerte y que lo quería sin leche y sin azúcar, y el té es extremadamente fuerte y que contiene leche y azúcar, probablemente entenderías que mi exclamación quiere decir algo así como, "¿Eso es té? ¡Es muy fuerte, amargo y lechoso!"

O tal vez no me guste el té y solo tomo el café, y pensé que eso era lo que me habían dado.

Siempre trata de averiguar qué es lo que el autor está diciendo a través de este pasaje, en este capítulo en particular y en este libro en particular.

Pregúntate a ti mismo: ¿Cuándo fue escrito? ¿Para quién fue escrito?

Podemos mejor entender la Biblia si sabemos para quién fue escrito. Entre más conocemos sobre las costumbres y políticas de los tiempos de la Biblia, mejor podemos entender su significado.

Por ejemplo, el Nuevo Testamento declara que los esclavos deben obedecer a sus amos. En ese tiempo en la historia la esclavitud era comúnmente aceptada. A través de Cristo cada amo y esclavo se convirtieron en hermanos y hermanas.

No solo veas un versículo, lee todo el capitulo

Podemos entender una frase mejor si vemos el resto del capítulo.

Muchas veces los líderes de cultos y sectas falsas distorsionan las verdades Bíblicas tomando una frase fuera de contexto. De esta manera usan la Biblia para apoyar sus propias creencias. Debemos asegurarnos de que estemos averiguando lo que la Biblia en realidad dice – aun cuando duele.

De la misma manera los pasajes deben ser interpretadas a la luz de toda la Biblia; de esta manera, ninguna parte de la escritura contradice cualquier otra parte. El desafío para el lector de la Biblia es desarrollar una forma de pensar que en realidad sea Bíblico.

Uno de los líderes de la iglesia primitiva, unos 200 años después de la resurrección de Cristo dijo, "Si crees lo que quieres sobre los evangelios, y rechazas lo que no te gusta, no crees en el evangelio si no en ti mismo."

Si solo tienes un Nuevo Testamento ahorra algo de dinero y en cuanto tengas suficiente dinero pídele a tu Pastor que te consiga una Biblia completa. Seguramente será una de las mejores maneras en la que puedes gastar tu dinero.

¿Qué es lo que Dios nos quiere demostrar?

Necesitamos saber cuál es el plan de Dios para su creación y para la humanidad. Hay muchas preguntas sobre las cuales la Biblia dice muy poco o sobre las cuales no habla. Pero la Palabra de Dios nos dice todo lo que necesitamos saber sobre él y sus planes.

La Biblia es el primer libro sobre la salvación. Por lo tanto, debemos tener cuidado al hacer interpretaciones ingeniosos sobre temas fuera de su propósito principal.

La Biblia tiene un mensaje viviente, que tiene el poder para transformar vidas y carácter. Aunque fue dada a una cultura hace mucho tiempo, su mensaje tiene el mismo poder el día de hoy para ti y para mí que el que tuvo en ese tiempo.

Memorízalo

A lo mejor dirás, "Tengo muy mala memoria." ¿Te acuerdas de tu fecha de nacimiento? ¿De tu talla de camisa o de zapatos? ¿Tus medidas? ¿Tu dirección? ¿Tu número de celular? ¡No tiene nada de malo tu memoria! ¡Tu memoria está bien!

"¡En mi corazón atesoro tus dichos!" dijo el autor del libro de Salmos en el Antiguo Testamento. ¿Cómo podemos hacer eso si no lo hemos memorizado? Aquí hay solo algunos versículos que yo recomendaría que memorices.

El poder del pecado

"Pues todos hemos pecado; nadie puede alcanzar la meta gloriosa establecida por Dios" (Romanos 3:23).

"Pues la paga que deja el pecado es la muerte, pero el regalo que Dios da es la vida eterna por medio de Cristo Jesús nuestro Señor" (Romanos 6:23).

"Y así como cada persona está destinada a morir una sola vez y después vendrá el juicio," (Hebreos 9:27).

Lo que hace Cristo

"Por lo tanto, ya que fuimos declarados justos a los ojos de Dios por medio de la fe, tenemos paz con Dios gracias a lo que Jesucristo nuestro Señor hizo por nosotros" (Romanos 5:1).

"Dios los salvo por su gracia cuando creyeron. Ustedes no tienen ningún mérito en eso; es un regalo de Dios. La salvación no es un premio por las cosas buenas que hayamos hecho, así que ninguno de nosotros puede jactarse de ser salvo" (Efesios 2:8-9).

"Dios es tan rico en gracia y bondad que compró nuestra libertad con la sangre de su Hijo y perdonó nuestros pecados" (Efesios 1:7).

"Él nos salvó, no por las acciones justas que nosotros habíamos hecho, sino por su misericordia. Nos lavó, quitando nuestros pecados, y nos dio un nuevo nacimiento y vida nueva por medio del Espíritu Santo" (Tito 3:5).

"Pero a todos los que creyeron en él y lo recibieron, les dio el derecho de llegar a ser hijos de Dios" (Juan 1:12).

"¡Mira! Yo estoy a la puerta y llamo. Si oyes mi voz y abres la puerta, yo entraré y cenaremos juntos como amigos" (Apocalipsis 3:20).

Seguridad en lo que Cristo hizo

"Les he escrito estas cosas a ustedes, que creen en el nombre del Hijo de Dios, para que sepan que tienen vida eterna" (1 Juan 5:13).

"Les digo la verdad, todos los que escuchan mi mensaje y creen en Dios, quien me envió, tienen vida eterna. Nunca serán condenados por sus pecados, pues ya han pasado de la muerte a la vida" (Juan 5:24).

Cristo el centro

"Mi antiguo yo ha sido crucificado con Cristo. Ya no vivo yo, sino Cristo vive en mí. Así que vivo en este cuerpo terrenal confiando en el Hijo de Dios, quien me amó y se entregó a sí mismo por mí" (Gálatas 2:20).

"Esto significa que todo el que pertenece a Cristo se ha convertido en una persona nueva. La vida antigua ha pasado, ¡una nueva vida ha comenzado!" (2 Corintios 5:17).

"Busquen el reino de Dios por encima de todo lo demás y lleven una vida justa, y él les dará todo lo que necesiten" (Mateo 6:33).

Su Espíritu

"¿No se dan cuenta de que todos ustedes juntos son el templo de Dios y que el Espíritu de Dios vive en ustedes?" (1 Corintios 3:16).

Amor

"Así que ahora les doy un nuevo mandamiento: ámense unos a otros. Tal como yo los he amado, ustedes deben amarse unos a otros. El amor que tengan unos por otros será la prueba ante el mundo de que son mis discípulos" (Juan 13:34-35).

"Queridos hijos, que nuestro amor no quede solo en palabras; mostremos la verdad por medio de nuestras acciones" (1 Juan 3:18).

Humildad

"No sean egoístas; no traten de impresionar a nadie. Sean humildes, es decir, considerando a los demás como mejores que ustedes. No se ocupen sólo de sus propios intereses, sino también procuren interesarse en los demás" (Filipenses 2:3-4).

"Del mismo modo, ustedes hombres más jóvenes tienen que aceptar la autoridad de los ancianos. Y todos sírvanse unos a otros con humildad, porque «Dios se opone a los orgullosos pero muestra su favor a los humildes». Así que humíllense ante el gran poder de Dios y, a su debido tiempo, él los levantará con honor" (1 Pedro 5:5-6).

Pureza

"Que no haya ninguna inmoralidad sexual, impureza ni avaricia entre ustedes. Tales pecados no tienen lugar en el pueblo de Dios" (Efesios 5:3).

"Queridos amigos, ya que son «extranjeros y residentes temporales», les advierto que se alejen de los deseos mundanos, que luchan contra el alma" (1 Pedro 2:11).

Honestidad
"Por esto, siempre trato de mantener una conciencia limpia delante de Dios y de toda la gente" (Hechos 24:16).

Fe
"De hecho, sin fe es imposible agradar a Dios. Todo el que desee acercarse a Dios debe creer que él existe y que él recompensa a los que lo buscan con sinceridad" (Hebreos 11:6).

"Abraham siempre creyó la promesa de Dios sin vacilar. De hecho, su fe se fortaleció aún más y así le dio gloria a Dios. Abraham estaba plenamente convencido de que Dios es poderoso para cumplir todo lo que promete" (Romanos 4:20-21).

Obediencia
"Por lo tanto, amados hermanos, les ruego que entreguen su cuerpo a Dios por todo lo que él ha hecho a favor de ustedes. Que sea un sacrificio vivo y santo, la clase de sacrificio que a él le agrada. Esa es la verdadera forma de adorarlo" (Romanos 12:1).

"Los que aceptan mis mandamientos y los obedecen son los que me aman. Y, porque me aman a mí, mi Padre los amará a ellos. Y yo los amaré y me daré a conocer a cada uno de ellos" (Juan 14:21).

Oración
"Si ustedes permanecen en mí y mis palabras permanecen en ustedes, pueden pedir lo que quieran, ¡y les será concedido!" (Juan 15:7).

"No se preocupen por nada; en cambio, oren por todo. Díganle a Dios lo que necesitan y denle gracias por todo lo que él ha hecho. ⁷ Así experimentarán la paz de Dios, que supera todo lo que podemos entender. La paz de Dios cuidará su corazón y su mente mientras vivan en Cristo Jesús."

"Y este mismo Dios quien me cuida suplirá todo lo que necesiten, de las gloriosas riquezas que nos ha dado por medio de Cristo Jesús" (Filipenses 4:6-7, 19).

¡Qué gran diferencia habrá en tu vida si conoces todos estos pasajes Bíblicos de memoria! Te dará fuerza para el día y consuelo en la noche.

Medítalo

Esto es diferente a la meditación del oriente. Salmos 1 dice, *"En la ley del Señor se deleita, y día y noche medita en ella"* (Salmos 1:2). Así como una vaca que mastica el bolo, te concentras en un pasaje de la Escritura por un tiempo y lo masticas. Puede ser que lo leas en la mañana. Lo memorizas; lo oras; lo repites en voz alta y en el transcurso del día dices, "Espíritu Santo, dime cómo puedo aplicar este versículo de la Palabra a mi vida el día de hoy".

Léelo en oración

La Biblia no es simplemente un libro interesante: es un libro en el cual te debes involucrar. Trata temas vitales para la vida, el carácter y el destino del lector.

Leer la Biblia después de haber orado es una salvaguardia en contra de la dureza o el orgullo – también demuestra que el lector está dispuesto a someterse a la dirección moral de Dios.

Escucha de manera personal

La Biblia no es un libro de filosofías abstractas – es un libro sobre la vida y sobre personas en situaciones reales. Isaías hablo específicamente a las personas de Jerusalén. En sus cartas el apóstol Pablo frecuentemente saludo a sus amigos por nombre. El libro de Apocalipsis fue escrito para los cristianos que estaban sufriendo persecución.

Debemos continuar creyendo que las recompensas y las promesas de la Biblia son para cada uno de sus lectores, de cualquier siglo. Al abrir nuestras vidas al mensaje de la Biblia podemos esperar que Dios se comuniqué con nosotros.

Ve la Biblia con expectación

Al leer la Biblia nos vamos a sorprender e incluso vamos a ser impactados por algunos de los eventos que funcionan como advertencias dentro de sus páginas. Habrán otros pasajes que nos desafían o nos perpleja. Debemos esperar que este libro nos lleve al límite de nuestra capacidad.

Aplica la Palabra de Dios a tu vida con frecuencia

Una de las ventajas de leer y aplicar la Biblia con frecuencia es que comenzamos a ver al mundo a través de los ojos de Dios. También vemos a la Biblia en su totalidad y no como fragmentos sin conexión.

Los niños chicos necesitan una dieta habitual para crecer adecuadamente, así mismo los cristianos necesitan ser alimentado espiritualmente a través de las Escrituras aplicando sus verdades a sus vidas cada día. Como resultado, nuestro carácter es transformado.

... Sobre La Lectura y El Estudio de La Biblia

La Biblia es un libro practico y cada día te debes preguntar, "¿Qué significa para mi hoy?" ¿Qué necesitas hacer? ¿Perdonar a alguien? ¿Obedecer a Dios? ¿Afirmar las promesas de Dios? ¿Tener fe? ¿Cambiar tu actitud? ¿Confesar pecados en tu vida? ¿Necesitas orar por algo? ¿Hay algo por lo cual estás agradecido??

El libro de Santiago nos dice, *"No se contenten solo con escuchar la palabra, pues así se engañan ustedes mismos. Llévenla a la práctica"* (Santiago 1:22). Jesús dijo que cualquiera que aplique la Palabra de Dios a su vida es una persona sabia, *"Por tanto, todo el que me oye estas palabras y las pone en práctica es como un hombre prudente que construyó su casa sobre la roca"* (Mateo 7:24).

Permite que la Palabra de Dios sea aplicada a tu vida conforme la vayas leyendo.

Actúa en obediencia

El cristiano será repetidamente confrontado con los mandamientos de la Biblia. La Biblia nos desafía a obedecer la Palabra de Dios, no solo a escucharla.

Jesús dijo que no es suficiente solo escuchar sus palabras. Solo es cuando escuchamos y obedecemos que nuestras vidas son como una casa sobre una roca – fuerte y segura.

Léelo como un libro completo

El lector de la Biblia debería aspirar hacía una apreciación completa y balanceada de todo lo que la Biblia puede enseñar sobre un tema. Depender de versículos independientes o pasajes favoritos (aunque estas son valiosas) no nos llevarán a una madurez espiritual.

Al ser persistentes con la lectura meticulosa de la Biblia, la alabanza se convierte en una fuerza para la vida, nuestro obra para Dios se convierte en una actividad vital, y Cristo se convierten en nuestro acompañante de cada día.

Obedécelo

Conforme la verdad Bíblica se convierte en una realidad para ti, necesitas hacer una cosa importante: obedecer lo que has leído y aplicarlo a tu vida diaria.

No solo pases por la Palabra, permite que la Palabra pase por ti, que te moldee a Su imagen.

¿Por qué lo debemos obedecer?
- Es un mandamiento de la Palabra. *"Esfuérzate por presentarte a Dios aprobado, como obrero que no tiene de qué avergonzarse y que interpreta rectamente la palabra de verdad"* (2 Timoteo 2:15).
- Es el *único* guía que tenemos ahora para el futuro. *"A la verdad, no me avergüenzo del evangelio, pues es poder de Dios para la salvación de todos los que creen: de los judíos primeramente, pero también de los gentiles. De hecho, en el evangelio se revela la justicia que proviene de Dios, la cual es por fe de principio a fin, tal como está escrito: «El justo vivirá por la fe.»"* (Romanos 1:16-17).
- Nos equipa para toda buena obra. *"Toda la Escritura es inspirada por Dios y útil para enseñar, para reprender, para corregir y para instruir en la justicia, a fin de que el siervo de Dios esté enteramente capacitado para toda buena obra"* (2 Timoteo 3:16-17).
- Es el mecanismo de defensa que necesitamos para usar en contra de los ataques que experimentamos todos los días. *"Tomen el casco*

de la salvación y la espada del Espíritu, que es la palabra de Dios." (Efesios 6:17).
- Revela el futuro para nosotros y para los que están a nuestro alrededor. *"Después de esto miré, y allí en el cielo había una puerta abierta. Y la voz que me había hablado antes con sonido como de trompeta me dijo: «Sube acá: voy a mostrarte lo que tiene que suceder después de esto.»"* (Apocalipsis 4:1).

Así que, ¿con qué estás alimentando a tu mente hoy? ¿A quién escuchas? ¿El chisme o las groserías? ¿Noticias que no son edificantes? Acude a la Palabra de Dios todos los días. ¡Te animará! Te bendecirá. Quizá también te desafiará.

Comencemos a comer. Entre más comes más hambre te da – y tanto tu como la iglesia crecerán en salud y madurez espiritual.

Bibliografía

Arthur, Kay. *Inductive Bible Study.*
Chattanooga: Precept Ministries International, 2013.

Bewes, Richard, Blackman, Paul and Hicks, Robert.
The Essential Bible Truth Treasury.
Worcester: Christian History Institute, 1999.

Boice, James Montgomery. *Living by the Book.*
Grand Rapids: Baker Books, 1997.

Buzzell, Sid with Dunberg, Lars.
Preaching and Teaching so People Encounter God.
Colorado Springs: Global Action, 1996.

Cunningham, Loren. *The Book that Transforms Nations.*
Seattle: YWAM Publishing, 2007.

Dunberg, Lars. *What Bible Should I read?*
Colorado Springs: Global Action, 2006.

Johnson, Douglas. *The Christian and his Bible.*
London: Inter-Varsity Fellowship, 1953.

Orr, William *Ten Reasons why I believe the Bible is the Word of God.*
Wheaton: Scripture Press.

Parris, David Paul. *Introduction to Biblical Interpretation.*
Colorado Springs: Global Action, 1996.

Pudaite, Rochunga. *My billion Bible Dream.*
Nashville: Thomas Nelson Publishers, 1982.

Smidsrød, Åse-Miriam. *Telling the Truth in Love.*
Colorado Springs, Global Action, 1996.

Stott, John R.W. *The Bible Book for Today.*
Leicester, UK: Inter-Varsity Press, 1982.

Warren, Rick.
Bible Study Methods: Twelve Ways You Can Unlock God's Word.
Grand Rapids: Zondervan, 1981,1986.